NOTICE HISTORIQUE

SUR

BIDACHE

CHATEAUX

DE

**Viellenave, Bidache, Guiche, Came,
Hagetmau, Aster, Séméac, Blaye,
Lesparre, l'Ombrière**

D'après des Documents authentiques et la
Tradition populaire

BAYONNE

Typo. & Litho. A. Lamaignère, rue Jacques Laffitte, 9

—

1893

Notice Historique

sur

BIDACHE

NOTICE HISTORIQUE

SUR

BIDACHE

CHATEAUX

DE

Viellenave, Bidache, Guiche, Came, Hagetmau, Aster, Séméac, Blaye, Lesparre, l'Ombrière

D'après des Documents authentiques et la Tradition populaire

BAYONNE

Typo. & Litho. A. Lamaignère, rue Jacques Laffitte, 9

1893

NOTICE HISTORIQUE

SUR

BIDACHE

(Basses-Pyrénées)

———— ◦❈◦ ————

Bidache, les communes environnantes et autres qui firent partie du gouvernement de la maison de Gramont, ont leur histoire particulière qui remonte à des temps reculés ; elle est constamment confondue avec celle de la famille souveraine, et fréquemment mêlée à l'histoire de la France et de quelques autres nations voisines.

MAISON DE GRAMONT, ORIGINE

La maison de Gramont figurait au premier rang parmi les principales maisons d'Aragon, de Navarre, de Béarn et de Guienne.

Les Gramont furent désignés, jusqu'à la fin du XVe siècle, sous le nom d'*Agramontes* ; ils descendaient des premiers ducs de Gascogne qui furent battus et dispersés par Charlemagne et ses successeurs, et allèrent chercher asile au delà des Pyrénées. Ils comptaient au nombre des douze barons de l'Aragon, dits *Ricos ombrès de natura,* et ils tirent leur nom des domaines qu'ils possédaient dans ce royaume.

Le château d'Agramont, berceau de la famille, dont on voit encore les ruines, s'élevait au sommet d'une montagne, sur les frontières de l'Aragon et de la Navarre.

GARCIE-ARNAUD, descendant du duc

de Gascogne Loup ou Lupus II, fut le premier qui porta le nom d'Agramont (880).

Cette maison fut battue et dépossédée par les Castillans qui la rejetèrent en Navarre (1063) ; elle s'y établit et y demeura jusqu'à la mort de la reine Blanche. A cette époque, les Agramontes prirent parti pour le roi de Navarre contre Ferdinand, roi d'Aragon, et lorsque celui-ci força Jean d'Albret à se réfugier en France, Roger de Gramont sacrifia ses domaines de la Haute-Navarre et entraîna tous les siens avec lui. A partir de cette époque, les Agramontes commencèrent à s'appeler Gramont et résidèrent exclusivement à Bidache, petit État dont ils devinrent *souverains*, et pour lequel ils ne relevaient d'aucun autre prince.

La maison de Gramont a subsisté de mâle en mâle depuis Garcie-Arnaud (880) jusqu'à Jean II de Gramont, qui mourut au siége de Naples, en 1528.

La succession de la maison passa alors à CLAIRE DE GRAMONT, sa sœur, qui avait épousé son cousin MENAUD, COMTE D'AURE et VICOMTE D'ASTER ; la substitution fut consentie et approuvée par les rois Henri II de Navarre et François Iᵉʳ de France (1525), par acte passé au château de Bidache.

Depuis 1525 jusqu'à nos jours, la descendance de Claire de Gramont et de Menaud d'Aure s'est continuée de mâle en mâle sans interruption.

Cette famille n'a aucun lien de parenté, ni avec les Gramont du Dauphiné, appelés GRAMONT-CADEROUSSE, ni avec les Gramont de Touraine, ni avec la maison des GRAMMONT, de Franche-Comté.

DEVISES

La maison de Gramont portait la devise : *Gratiâ Dei, sum in quod sum* (par la grâce de Dieu, je suis ce que je suis) ; la plus ancienne, en espagnol, est ainsi conçue : *Soy lo que soy* (je suis ce que je suis), et, dans les guerres, la bannière des Gramont portait la devise suivante, qu'on peut déchiffrer encore sur le fronton du portail de l'antique château de Coarraze (1) : *Lo que ha de ser no puede faltar* (ce qui doit arriver ne peut pas manquer) et leur cri de guerre était : *Dios nos ayude !* (Dieu nous aide !)

ARMOIRIES

—

Les armes de la maison rappellent celles des trois maisons d'AURE, d'ASTER et de COMMINGES, dont la famille de Gramont réunit la lignée.

---

(1) Marie de Gramont épousa Ramond-Arnaud, seigneur de Coarraze (1415).

TITRES

Voici les divers titres qui appartiennent et qui ont appartenu à la maison des ducs de Gramont :

1º Seigneur de Gramont, *Agramontes* (905).

2º Ricombre en Aragon (1522).

3º Ricombre et maréchal héréditaire de Navarre, jusqu'en 1644.

4º Prince souverain de Bidache, depuis 1203 jusqu'en 1789.

5º Comte de Gramont et comte d'Aure, depuis 1525.

6º Duc de Gramont, duché-pairie héréditaire depuis 1648, comprenant le comté de Guiche et les neuf baronnies de Bergouey, d'Escos, de Vielle-nave et d'Arresty, de Came, de Sames, de Léren, de Saint-Pé, de Bardos et d'Urt.

7º Comte de Guiche, jusqu'en 1687.

8º Duc de Guiche, créé en 1687.

9º Comte de Louvigny, créé en 1555.

10° Baron d'Andoïns et de Lucmen-
dous, depuis 1567 ;
11° Duc de Louvigny, créé en 1720.
12° Duc de Lesparre, créé en 1720.
13° Baron d'Arzac et baron de Tilh.
14° Vicomte d'Aster, créé en 1285.
15° Marquis de Séméac.
16° Comte et duc de Toulongeon.

CHATEAU DE GRAMONT

EN NAVARRE (Viellenave)

Outre le château d'Agramont, en Aragon, dont nous avons parlé, il faut citer :

Le CHATEAU DE GRAMONT, qui fut bâti lors du premier établissement de la branche aînée en Navarre, en un lieu dit *la Moulari de Viellenave*, situé dans le pays de Mixe, en Navarre, sur les confins du Béarn. Ce château s'élevait sur une montagne inaccessible, environnée de rochers qui soutenaient sur leurs pointes les tours de l'édifice ; il dominait la vallée d'alentour et eut à soutenir de nombreuses attaques de la part des Anglais, qui s'en emparèrent après un long siége, en 1249. Un an après, il fut rendu à Arnaud-Guilhem de Gramont. Mais, à partir de cette époque, ce château cessa d'être la résidence habituelle des seigneurs de Gramont, qui s'établirent à Bidache. Il existait encore en 1603 ; aujourd'hui quelques ruines seulement en attestent la place.

En 1860, l'église de Viellenave-la-Moulari menaçant ruine, on dut en relever les murs ; et les travaux exécutés pour consolider les fondements mirent à découvert le tombeau d'Arnaud-Guilhem de Gramont, qui était mort en 1279, à son retour de Terre-Sainte. Le squelette était encore dans un état de conservation remarquable, et près de lui gisaient, dans le caveau, une longue épée, une dague et un éperon doré, parfaitement intacts. Ces trois pièces, souvenir précieux d'un âge si reculé, furent extraites après procès-verbal dressé par le maire de Viellenave, et remises au duc de Gramont; après quoi la tombe, fermée et scellée à nouveau, fut remplacée sous le maître-autel de l'église.

CHATEAU

ET

PRINCIPAUTÉ SOUVERAINE

DE BIDACHE

La souveraineté de Bidache a, de tout temps, appartenu à la maison de Gramont. Elle se forma vers le milieu du XIe siècle, à l'époque où les ducs de Guienne, les vicomtes de Béarn et les vicomtes de Dax, guerroyant entre eux, prirent et reprirent les uns sur les autres le pays de Mixe et d'Ostabat et celui qui est entre le Gave d'Oloron et la Bidouze.

Enfermé dans un demi-cercle que formaient d'un côté la Bidouze et le Lihoury, de l'autre la forêt de Mixe, les marais et les bois de Bardos et de Guiche, ce domaine était situé dans un coin, entre la Navarre, le Béarn et la Gascogne. Son isolement facilita aux Gramont les moyens de s'y former une retraite dont ils ne rendirent hommage à aucune des puissances environnantes, en sorte que, lorsque la tranquillité succéda aux guerres, Bidache se trouva indépendant, entre la Navarre et le Béarn, jouissant, sous les seigneurs de Gramont, des privilèges de la *souveraineté*.

Ce ne fut pas cependant sans de grandes difficultés et sans des combats meurtriers que les Gramont réussirent à établir leur puissance. Le seigneur de Guiche, jaloux de leur voisinage, vint leur proposer la guerre dans la plaine de la Bidouze, qui sépare les châteaux de Guiche et de Bidache. La mêlée fut terrible et la tradition rapporte que les combattants s'entre-tuèrent jusqu'au dernier, en sorte qu'il ne resta personne pour relever les morts.

On a découvert, dernièrement, en défrichant cette plaine, des débris d'armures de toutes sortes et, entre autres, une hache richement damasquinée qu'un archéologue s'est empressé d'acquérir.

Cependant les deux familles ne tardèrent pas à sympathiser ; elles contractèrent des alliances entre elles et, en l'an 1050, les seigneurs de Guiche se mirent, par un traité, sous la protection du seigneur de Bidache.

COUTUMES ET GOUVERNEMENT
DE BIDACHE

Les seigneurs de Gramont faisaient des lois pour leurs sujets. En 1575, la coutume de la souveraineté de Bidache fut rédigée avec les formalités authentiques.

Le chef de la famille qui régnait avait, comme souverain, le droit de juger en dernier ressort sur toute l'étendue de la principauté, dans toutes les causes en matière civile ou criminelle ; il avait toutes les prérogatives de la royauté et le droit de vie et de mort sur ses sujets ; il entretenait un régiment de troupes, dont il nommait les chefs.

Les rois de France, d'Espagne et de Navarre ont tous reconnu l'indépendance de la principauté de Bidache, et l'autorité souveraine de ses seigneurs s'est exercée jusqu'en 1789.

Le gouvernement des souverains de Bidache fut des plus populaires ; on ne connaissait dans la principauté ni taille, ni capitation, ni gabelle, ni papier timbré ; tout se bornait, en fait d'impôt, à un très faible prélévement qui se faisait au nom du souverain pour l'exercice de son autorité.

Cependant, à la fin du règne de Louis XIV, le Parlement de Pau suscita une querelle au duc de Gramont et contesta la légitimité de ses droits souverains. Cette contestation avait été provoquée par un membre de la Cour du Parlement qui, étant en voyage, traversa Bidache au moment de l'exécution d'un criminel condamné à mort.

Le duc de Gramont, alors Antoine IV, porta plainte au Roi et l'affaire fut évoquée au Conseil d'Etat, où il défendit avec succès les droits de sa souveraineté.

JUGEMENT

DE

LOUISE DE ROQUELAURE

(1611)

Parmi les preuves rapportées devant le Conseil d'Etat, la plus saillante fut le jugement de Louise de Roquelaure, duchesse de Gramont, épouse d'Antoine-Antonin de Gramont. Accusée et convaincue d'infidélité par son mari, Louise de Roquelaure fut poursuivie et jugée par la Cour de Bidache, qui la condamna à mort. Ce jugement fut exécuté en 1611.

SIÉGE ET INCENDIE DE BIDACHE

(1523)

Le château de Bidache, qui existait déjà en 1050, fut brûlé en 1523 par l'armée de l'Empereur Charles-Quint, sous les ordres de Velasco, connétable de Castille, à la même époque où furent ravagés ceux d'Hastingues, de Navarrenx, de Guiche et de Gramont. L'armée ennemie était forte de 24.000 hommes ; le château de Bidache, défendu par 300 soldats, résista vaillamment aux assauts de l'ennemi et le tint en échec pendant vingt jours, lui faisant subir de grandes pertes. A la fin, il fut emporté et ses braves défenseurs périrent dans les flammes, excepté ceux qui, se précipitant du haut des murailles, tombèrent sous les piques des Espagnols. L'oncle de Jean II, Dom ARNAUD DE GRAMONT, y perdit la vie.

Plusieurs titres et papiers de la maison furent consumés.

Le château fut rebâti vers 1530 par CLAIRE DE GRAMONT, augmenté et embelli plus tard par la comtesse Corisandre et le comte de Guiche, ARNAUD.

C'était un bâtiment très vaste, sur de grandes voûtes, avec murs de cinq pieds d'épaisseur, situé sur un mamelon élevé qui domine la belle vallée de la Bidouze ; la grosse tour renfermait une bibliothèque remarquable, ainsi que l'arsenal et les armes qui servaient aux bandes gramontoises.

Ces armes furent enlevées par la municipalité de Bayonne, en 1790.

DEUXIÈME INCENDIE (1796)

Le château de Bidache avait traversé la période révolutionnaire sans malheurs ; mais en 1794, l'Etat s'en empara et y établit un hôpital militaire ; cet usage cessa la même année et il n'y resta que l'administration ; alors commença le pillage et la dévastation de cette belle résidence. L'autorité en fut informée et résolut d'envoyer une commission pour faire une enquête. Le gouverneur coupable, frappé, dit-on, de terreur, mit le feu au château et se noya dans la Bidouze, en un lieu dit le *Canal*. Ce qui est certain, c'est que ce vaste et magnifique édifice brûla pendant une nuit de mars 1796 ; tout fut consumé en moins de six heures : le feu avait été nourri de matières combustibles qui se trouvaient emmagasinées, soit dans les caves, soit dans les combles. Il ne reste debout que la tour, un des pavillons et le portail. Ces vestiges sont encore admirés par les nombreux visiteurs qui viennent à Bidache. On ne peut se défendre d'un sentiment de tristesse en ne voyant que des ruines à la place où s'élevait jadis un monument si remarquable ! Les habitants de Bidache, qui versèrent des larmes en voyant flamber le château *(je le tiens d'un témoin oculaire)*, sont encore fiers d'en montrer les ruines imposantes aux étrangers ; ils les visitent eux-mêmes souvent et ne gardent que de très bons souvenirs des seigneurs qui y firent leur résidence. Les Gramont, en effet, furent de tout temps la Providence de leur principauté et ne surent que se faire bénir de leurs sujets.

En 1889, les anciennes écuries du château ont été restaurées par **M.**

Bertrand, architecte. Elles renferment un pied-à-terre reconstitué dans un pavillon.

ÉGLISE DE BIDACHE

L'église de Bidache, que l'on reconstruit en ce moment, était à la fois paroissiale et collégiale. Les Gramont y avaient fondé un chapitre composé d'un doyen, d'un sacristain et de quatre ou six chanoines parmi lesquels le curé, qui était de droit investi de ce titre. Ils l'avaient dotée de la dîme et en avaient le patronage. On y voit encore le tombeau de la famille, qui fut profané à l'époque de la Terreur. En 1819, Antoine de Gramont, duc et pair de France, lieutenant général, capitaine des gardes du roi Louis XVIII, et grand-père du duc actuel, rassembla dans un même cercueil, qu'il fit sceller, les restes de ses ancêtres qui étaient répandus dans le caveau.

Cette église a été restaurée sous l'habile direction de M. l'abbé Pon, curé doyen.

Le caveau de la maison de Gramont est situé dans cette église.

CHATEAU DE GUICHE

Il importe de rattacher à l'histoire de Bidache l'historique des châteaux environnants qui appartinrent à la même maison et eurent une commune destinée avec celui de Bidache.

Le château de Guiche est situé à l'extrémité du bourg de ce nom, chef-lieu de l'ancien comté de Guiche, et domine les plaines de la Bidouze et de l'Adour. Sa position élevée et ses murs d'une épaisseur considérable, qui ont résisté aux flammes et aux injures du temps, devaient en faire autrefois une place de guerre très forte. En 1448, il fut investi par Pierre, vicomte de Lautrec, qui battit les Anglais sous ses murs, dans la plaine de la Bidouze qui porte depuis le nom de *Hache*. En 1523, le château fut pris et dévasté par Velasco, en même temps que celui de Bidache, après une résistance longue et opiniâtre du baron de Garro, qui en commandait la défense. Il fut reconstruit par Corisandre d'Andoïns, comtesse de Guiche, qui le porta, ainsi que le comté, dans la maison de Gramont, par son mariage avec Philibert de Gramont, en 1567.

Ce fut à Guiche, suivant quelques historiens, et à Bidache, suivant d'autres, qu'Henri IV, après la bataille de Coutras, vint déposer aux pieds de la belle Corisandre vingt-deux drapeaux pris à l'ennemi, en reconnaissance des 24,000 Gascons et Béarnais qu'elle lui avait envoyés de Bidache armés et équipés.

Malgré un abandon de trois siècles, la tour et les murs du château de Guiche sont encore debout. Ces ruines, avec le petit domaine qui les entoure, appartiennent encore à la famille de Gramont.

CHATEAU DE CÂME

Vient ensuite le château de Came, situé dans la commune de ce nom, à trois kilomètres de celui de Bidache. Il est perché sur un point culminant qui commande les vallées de la Bidouze et du Lihoury, et formait un des fiefs des seigneurs de Guiche. Le sénéchal y tenait ses audiences.

L'origine du château et du village de Came remonte au XIII° siècle (1200). On raconte que vers cette époque, EN-RAMOND-ARNAUD, beau-frère de la dame de Guiche, attaché à la suite du vicomte de Tartas, désirait obtenir un logement pour sa retraite. Il remonta en bateau jusqu'à Guiche, où la châtelaine alla le recueillir. Mais aussitôt que celle-ci eut mis le pied dans le bateau, Ramon prit le large et, se prévalant de la circonstance, il jura à sa belle-sœur qu'elle ne retournerait pas à Guiche avant de lui avoir donné une maison pour logement. La dame lui laissa le choix du lieu. Il choisit un petit domaine appelé Came, où la châtelaine lui fit construire quelques bâtiments. Mais les Béarnais, qui avaient des prétentions sur ces terres, détruisirent par trois fois les constructions établies. Alors En-Ramond pria la dame de Guiche d'intercéder pour lui auprès du seigneur de Béarn, En-Gaston-le-Bon, ce qu'elle fit avec succès, car rien ne résistait à sa beauté. Alors furent bâtis le château et le village de Came, et nul n'osa depuis y porter la main. Les vicomtes de Béarn les retinrent sous leur suzeraineté.

En 1479, la seigneurie de Came fut érigée par Louis XI en baronnie, avec concession du droit de haute justice, en faveur de Roger, seigneur de Gramont, souverain de Bidache, Ricombre et maréchal héréditaire de Navarre. En 1648, la baronnie de Came fut un des fiefs qui composèrent le duché-pairie de Gramont.

Il ne reste plus de l'antique château d'En-Ramond-Arnaud qu'un imposant massif de ruines, dont M. Fougères a la propriété.

CHATEAU DE LOUVIGNY

Citons encore, dans un rayon plus éloigné, le château de Louvigny, qui relevait de la maison d'Andoïns et fut apporté à la maison de Gramont par Corisandre, comtesse de Louvigny, qui y avait reçu le jour.

Sous Charles IX, lorsque Jeanne

d'Albret défendit la messe en Béarn, ce fut dans l'église de St-Martin-de-Louvigny, dépendante du château, que se réfugièrent les chanoines de Lescar pour y continuer l'exercice de leur culte.

———

CHATEAU D'HAGETMAU

———

La maison de Gramont possédait en Gascogne une baronnie dont Hagetmau était le chef-lieu ; on y remarquait un beau château qui vit naître, en 1604, le maréchal de Gramont Antoine III. Celui-ci, chargé par Henri II et plus tard par Henri IV de rétablir la religion catholique dans le Midi, vint avec une armée catholique et établit son quartier général à Hagetmau ; il faillit y perdre la vie par suite d'une trahison.

CHATEAU D'ASTER

Aster, chef-lieu de la vicomté de ce nom, qui appartenait aux comtes de Bigorre, possédait un château qui était habité par les vicomtes d'Aster. Cette vicomté passa à la maison d'Aure, et les vicomtes d'Aure devinrent comtes de Gramont en 1525. Depuis cette époque la vicomté d'Aster est toujours restée à la maison de Gramont.

Le château fut bâti sur une éminence qui domine la ville et la plaine ; il fut habité par Corisandre d'Andoïns. On raconte qu'Henri IV, pendant son séjour au château de Séméac, venait la visiter en suivant les bords du canal d'Alaric jusqu'à Ordizan. Il prenait alors le chemin qu'on nomme encore dans le pays *Chemin du Roi* ; il abreuvait son chemin à un petit lac qui a gardé le nom de *Laco-Bourbon*.

CHATEAU DE SÉMÉAC

Le château de Séméac, où résidait quelquefois Henri IV, venait des ducs de Gascogne ; il appartint aux comtes de Bigorre et passa à la maison des Gramont en 1592, pendant la vie d'Antoine II. Son fils, Henri de Gramont, portait le titre de MARQUIS DE SÉMÉAC ; il avait remplacé les anciennes constructions par un superbe château qui fut détruit en 1793.

On remarque encore près du château un mur d'une épaisseur d'environ neuf pieds, formant des figures irrégulières. On croit que ce sont des ruines d'un temple gaulois consacré à Teutatès, et on appelle ces murs, dans l'idiome du pays, *pareds de Tatou* (murailles de Teutatès).

CHATEAU DE BLAYE

Le château dé Blaye, construit sur

un îlot de la Gironde, dominait le fleuve entre Bordeaux et la mer ; il formait une place très forte du temps des Romains et passa à la maison de Gramont en 1406 par le mariage de Jean de Gramont avec Marie de Montaut, fille et unique héritière de Raymond de Montaut, seigneur de Blaye, et de Marguerite d'Albret.

Par traité solennellement signé le 9 août 1460, entre le roi Charles VII et le seigneur de Gramont, celui-ci cédait au roi de France les villes, châtel et châtellenies de Blaye, à titre d'échange, contre des terres, villes et châteaux d'égale valeur, et assis en lieu sûr et convenable. Cette mesure rendit le roi de France maître de la navigation de la Gironde au-dessous de Bordeaux et l'aida puissamment à reconquérir cette partie du royaume sur les Anglais. Mais le traité ne fut pas loyalement exécuté ; et à la honte de Charles VII, qui ne se montra pas moins ingrat envers la maison de

Gramont qu'envers d'autres célébrités qui l'avaient fidèlement servi, la parole royale fut violée et les engagements jurés méconnus.

Le château et une partie de l'ancienne ville disparurent sous Louis XIV, à l'époque où Vauban fit construire la citadelle qu'on voit aujourd'hui, et il ne reste que les cinq tours du vieux château.

CHATEAUX

DE LESPARRE ET DE L'OMBRIÈRE

Citons, pour terminer, les châteaux de Lesparre et de l'Ombrière qui appartinrent également à la maison de Gramont et dont il ne reste aujourd'hui que des ruines.

LES 34 CHEFS DE LA MAISON DE GRAMONT

—

La maison de Gramont a eu jusqu'à ce jour trente-quatre chefs, dont voici les noms avec les principaux événements qui s'y rattachent :

1o Garcie-Arnaud, señor de Agramont (880).

2o Arnaud Ier, señor de Agramont (905).

3o Bergon de Gramont, Ricombre de Navarre (950).

4o Garcie-Bergon de Gramont.

5o Bergon-Garcie de Gramont (1100). Il accompagne Gaston IV de Béarn à la Croisade et est le compagnon d'armes de Godefroy de Bouillon (1097).

6o Bibian I de Gramont (1140).

7o Ramon-Brun de Gramont (1134-1168).

8o Arnaud II (1200).

9o Bibian II (1200-1205).

10o Arnaud-Guilhem, souverain de

Bidache (1205). En 1267, il accompagne le roi Thibaut II en Terre-Sainte. La liste des seigneurs qui prirent part à cette expédition porte en tête : « *Los señores de Agramont con los de su bando* », ce qui prouve que ses frères Guilhem, Bernard et Auger étaient avec lui.

11º Arnaud-Guilhem II (1279-1290).

12º Raymond-Brun II (1290-1312).

13º Arnaud-Guilhem III (1312-1345).

14º Arnaud-Raymond I (1345-1389).

15º Arnaud-Raymond II (1389-1405).

16º Jean Ier (1405-1430).

17º François I (1430-1460).

18º Gratien (1460-1471).

19º Roger de Gramont (1471-1514). En 1474, le roi Louis XI donna à Roger de Gramont la baronnie de Hastingues, à charge par lui de lui payer dix mille écus.

20º François II. Il accompagna Louis XII dans les campagnes d'Italie et périt en 1512 à la bataille de Ravenne auprès de Gaston de Foix, duc de Nemours.

21° Jean II (1516-1528). Il accompagna le vicomte de Lautrec dans ses expéditions d'Italie et s'y distingua à Pavie, à Gênes, à Alexandrie et à Naples, où il périt en même temps que Lautrec lui-même (1528).

Jean II ne laissait pas de postérité. La succession de sa maison passa, comme nous l'avons vu, à sa sœur aînée, Claire de Gramont, qui avait été mariée à Menaud d'Aure, vicomte d'Aster.

22° Claire de Gramont et Menaud d'Aure (1528-1561).

23° Antoine Ier, comte de Gramont et de Guiche, prince souverain de Bidache (1534-1576).

24° Philibert (1552-1580). Né un an avant le roi de Navarre (Henri IV), il fut son compagnon et son ami d'enfance.

25° Antoine II, comte, puis duc (1er duc) de Gramont (1569-1580-1644).

En 1608, Antoine II, souverain de Bidache, et Henri IV, roi de France, conclurent un traité authentique aux termes duquel un *marché* et une *foire* étaient établis à Bidache avec toutes garanties de sûreté pour ceux qui s'y rendraient. C'est l'origine du marché actuel et de l'importante foire de novembre, renommée par ses transactions. Le marché, qui eut lieu le mardi par quinzaine jusqu'en 1790, se tient, depuis, le samedi de chaque semaine.

En 1615, le comte de Gramont, avec mille hommes de pied et cent chevaux, escorta la princesse Anne d'Autriche, qui venait épouser Louis XIII, roi de France. Antoine II fut élevé à la dignité de duc et de pair par la régente Anne d'Autriche (1643). Il avait épousé en premières noces l'infortunée Louise de Roquelaure et, en secondes noces, Claude de Montmorency ; il mourut en 1644. Il fut le dernier de sa maison qui fit de Bidache sa résidence permanente ; il aimait passionnément son pays et était resté vrai Gascon et bon Béarnais ; ses fils aimèrent mieux la cour et regardèrent comme un exil toute autre résidence.

26° Antoine III de Gramont (2^m duc), prince souverain de Bidache (1604-1644-1678).

En 1659, le cardinal de Mazarin, se rendant à St-Jean-de-Luz, pour y négocier le traité des Pyrénées avec Don Louis de Haro, s'arrêta à Bidache. Le maréchal de Gramont lui fit une magnifique réception. Après les fêtes brillantes qui furent données à cette occasion, le cardinal déclara au maréchal de Gramont que le roi Louis XIV l'avait choisi pour aller à Madrid demander en son nom, au roi d'Espagne, la main de l'Infante Marie-Thérèze. Cette ambassade réussit complétement et le duc de Gramont reçut des deux cours souveraines les plus grands témoignages de sympathie. Il reçut le titre de grand d'Espagne de 1re classe et Sa Majesté Catholique lui remit de ses propres mains le collier de la Toison-d'Or ; Louis XIV créa en sa faveur la charge de colonel des Gardes-Françaises. Son fils aîné, le comte de Guiche, se couvrit de gloire au passage du Rhin (1672) :

« Bientôt, avec Gramont, courent Mars et Bellone. »

BOILEAU.

27° Antoine IV (3me duc) de Gramont (1678-1720). En 1710, il fut troublé dans sa souveraineté de Bidache par les prétentions du Parlement de Pau ; mais il défendit avantageusement ses droits.

28° Antoine V (4me duc) de Gramont (1672-1720-1725).

En 1587, à l'occasion de son mariage avec Marie-Christine de Noailles, Antoine V de Gramont fut créé par le roi duc de Guiche ; et depuis ce titre a été porté par les fils aînés des ducs de Gramont. En 1704, il fut nommé colonel des Gardes-Françaises ; c'était le rêve de son ambition. Il succéda à son père comme duc de Gramont et pair, et, en 1724, il fut nommé maréchal de France.

29° Antoine VI (5me duc) de Gramont (1725-1741).

Antoine VI fut nommé colonel des Gardes-Françaises par suite de la démission de son père. A leur tête il se distingua au siége de Philisbourg (1734). Il était d'une grande générosité et ne percevait à Bidache aucun impôt direct ou indirect ; il ne faisait peser sur les habitants de sa principauté d'autres charges que celles qui étaient nécessaires pour le bien-être de tous.

30° Louis (6me duc) de Gramont (1741-1745).

Louis de Gramont, second fils du maréchal duc de Gramont Antoine V, succéda à son frère Antoine VI, mort sans descendance masculine.

En 1720, il avait épousé Mademoiselle de Gontaut-Biron. Il fut nommé maréchal de camp, en 1734, après des actions d'éclat dans la guerre qui eut lieu à l'occasion de la couronne de Pologne. Il fut nommé ensuite colonel général des Gardes-Françaises et périt à la tête de ce beau régiment, à la bataille de Fontenoy (1745). Il reçut à sa mort les honneurs de maréchal de France.

De 1720 à 1745, la principauté de Bidache fut administrée par des gouverneurs *locum tenentes*, et les trois derniers ducs, Antoine V, Antoine VI et son frère Louis, ne visitèrent qu'une ou deux fois le château, autrefois si brillant; tout se concentrait autour du Roi, et le peuple, dans les provinces, murmurait de cet état de choses qui devait amener, quelques années plus tard, la réaction qui ébranla l'Europe.

31° Antoine VII (7me duc) de Gramont (1745-1799).

La souveraineté de Gramont s'éteignit sous Antoine VII, en 1793, par l'annexion de la principauté au territoire de la République française. Il ne resta comme souvenir de la principauté que les propriétés personnelles du duc. L'Etat s'empara du château de Bidaché en 1794, pour y établir un hôpital militaire ; et en 1796, comme nous l'avons vu, l'incendie réduisit en cendres l'antique résidence de la famille.

FIN DE LA SOUVERAINETÉ DE BIDACHE

32° Antoine VIII (8me duc) de Gramont (1755-1799-1836).

En 1799, le duc de Gramont, Antoine VII, étant mort sans laisser de successeur mâle, le fils aîné du comte de Gramont, son frère, lui succéda comme chef de la maison. Antoine VIII fut capitaine des gardes sous Louis XVI, Louis XVIII et Charles X. Il avait été fait maréchal de camp sous Louis XVI. Il se distingua par sa bonté, sa fidélité au devoir, sa fermeté et son indulgence ; il avait un de ces caractères qui traversent le temps sans se créer d'ennemis, et qui ne laissent après eux que de bons souvenirs. Il mourut à Paris en 1836. Son corps fut transporté à Bidache et inhumé dans le caveau de la famille que l'on voit dans l'église de cette ville.

La duchesse de Gramont, LOUISE-FRANÇOISE-AGLAÉ DE POLIGNAC, jeune femme d'esprit et de cœur, mourut au château d'Holyrood, à Edimbourg (Ecosse, 1803). Selon le désir qu'elle en avait exprimé dans son testament, ses restes furent transportés à Bidache et déposés dans le caveau de la Maison (1823).

33° Antoine IX (9me duc) de Gramont (1789-1836-1854).

Antoine IX, Geneviève-Héraclius-Agénor de Gramont, duc de Gramont et prince de Bidache, comte d'Aure et de Louvigny, baron de Came, de St-Pé, de Bardos, d'Urt, de Sames et d'Escos, lieutenant général, grand offi-

cier de la Légion d'honneur, cheva
lier de St-Louis, grand-croix de l'ordre royal de St-Maurice et St-Lazare
de Sardaigne, succéda à son père, le
duc Antoine VIII (1836).

Sa vie fut des plus agitées. Il avait
épousé Anna-Quintina-Albertine-Ida
d'Orsay, comtesse d'Orsay, dont il eut
six enfants, savoir :

1° Antoine Alfred-Agénor de Gramont, né le 14 août 1819, décédé le 17
janvier 1880 ;

2° Antoine-Léon-Philibert-Auguste
de Gramont, né le 1er juillet 1820 (décédé) ;

3° Antonia-Albertine-Corisandre de
Gramont, née le 12 juillet 1821 (dé-
cédée) ;

4° Antoine-Alfred-Anérius-Théophi-
le de Gramont, né le 2 juin 1823 ;

5° Antonia-Armandine-Aglaé-Ida de
Gramont, née le 5 octobre 1826 (décé-
dée) ;

6° Antonia-Gabrielle-Léontine de
Gramont, née le 2 mars 1829.

34° Antoine X, Alfred-Agénor de Gramont, Duc de Gramont, grand'croix de la Légion d'honneur, grand-cordon de l'ordre pontifical de Pie IX, grand'croix de l'ordre austro-hongrois de St-Etienne de Hongrie, de l'ordre royal de St-Maurice et St-Lazare de Sardaigne, de l'ordre royal de St-Janvier, de l'ordre royal de Frédéric, etc., né le 14 août 1819, décédé le 17 janvier 1880, épousa en 1848 Emma-Mary Mac-Kinnon, d'Ecosse, et eut quatre enfants :

1° Antonia-Corisandre-Ida-Marie de Gramont, née le 27 avril 1850, mariée le 7 janvier 1871 à Gaston-Georges-Marie-Emmanuel, comte de Brigode de Kemlandt ;

2° Antoine-Agénor de Gramont, Duc de Gramont, qui succède à son père le 17 janvier 1880 ; né le 22 septembre 1851 ; officier de cavalerie, marié le 21 avril 1874 à Isabelle, princesse de Beauveau, veuf le 27 avril 1875. Il a une fille nommée Elisabeth, née le 23 avril 1875 ; remarié à Marguerite-Alexandrine de Rothschild, le 10 décembre 1878, dont il a trois enfants :

I. Armand, Duc de Guiche, né le 29 septembre 1879 ;

II. Corisandre, née le 8 août 1880 ;

III. Louis-René, né le 10 janvier 1883.

3° Antoine-Auguste-Alexandre-Alfred-Armand de Gramont, Comte Armand de Gramont, né le 30 janvier 1854 ;

4° Antoine-Albert-William-Alfred de Gramont, Comte Alfred de Gramont, né le 24 septembre 1856.

ONCLES ET TANTES DU DUC ACTUEL

Antoine-Léon-Philibert-Auguste de Gramont, Duc de Lesparre, 2ᵐᵉ fils d'Antoine IX, entra dans l'armée en 1833 et servit avec éclat. Nommé général de division le 31 juillet 1867, il commanda en 1870 la brigade de cuirassiers de la 3ᵐᵉ division de cavalerie de réserve. Il prit part à la bataille de Rezonville, où il fut atteint d'un éclat d'obus, à celle de St-Privat et aux divers combats qui furent livrés autour de Metz. Après la capitulation de cette place, il fut interné en Allemagne, revint en France à la paix, et reçut le commandement de la division de cavalerie du 4me corps d'armée. Il est décédé le 4 septembre 1877, laissant trois filles de la duchesse de Lesparre, née de Ségur, savoir :

Marie, comtesse de l'Aigle ;

Aglaé, comtesse d'Archiac ;

Ida, comtesse de Bryas.

Antoine-Anérius-Théophile-Alfred de Gramont, Comte de Gramont, est le 3me fils du duc de Gramont, Antoine IX. Après avoir fait avec succès ses études à l'Ecole militaire de St-Cyr, il commença une brillante carrière militaire. Capitaine en 1852, il prit part avec son régiment (19me de ligne) à la guerre d'Orient, assista aux batailles de l'Alma et d'Inkermann, fut grièvement blessé par un coup de mitraille le 18 juin 1855, à l'assaut de la tour Malakoff et reçut une grave blessure à Magenta pendant la campagne d'Italie. Le 5 mars 1864, il fut nommé colonel du 47me régiment d'infanterie. En 1870, son régiment fit partie du corps d'armée du général Douai, et fut détaché en juillet pour aller renforcer le corps d'armée du maréchal de Mac-Mahon. Le comte de Gramont arriva le 5 août avec son régiment à Reichshofen, et le lendemain un boulet prussien lui enleva le bras gauche pendant la bataille. Transporté à l'ambulance, il fut dirigé comme prisonnier de guerre à Munich, où il resta jusqu'à la signature de l'armistice, qui lui permit de rentrer en France, le 18 mars 1871. Il rejoignit alors les débris de son régiment à Chambéry et fut promu général de brigade.

Il a épousé Mlle de Choiseul, dont il a un fils, Arnaud de Gramont, né le 21 avril 1861.

Antonia-Gabrielle-Léontine de Gramont, seule survivante des trois sœurs, est *Dame d'Honneur* du Chapitre de Sainte-Anne, sous le nom de Comtesse Léontine de Gramont.

La maison de Gramont compte dans sa lignée deux cardinaux de la Sainte-Église.

Le duc actuel est le 11me duc et le 35me chef de sa maison.

Les membres de la famille de Gramont visitent souvent le berceau de leur famille.

Le duc actuel, ancien officier, est chef d'escadrons de cavalerie territoriale et Conseiller général pour le canton de Bidache.

Mars 1893.

Bayonne, Typo. et Litho. A. Lamaignère

286